© **1996 LES ÉDITIONS ALBERT RENÉ / GOSCINNY-UDERZO**
Dépôt légal : juillet 1996 n° 096-1-01
ISBN **2-86497-096-1**
Imprimé en Belgique par CASTERMAN S.A., Tournai

Loi n° 49956 du 16 juillet 1949 sur les publications destinées à la jeunesse

GOSCINNY ET UDERZO
PRÉSENTENT
UNE AVENTURE D'ASTÉRIX

# LA GALÈRE D'OBÉLIX

TEXTE ET DESSINS DE ALBERT UDERZO

encrage : Frédéric Mébarki
lettrage : Michel Janvier
mise en couleur : Thierry Mébarki
coordination : Studio ETC...

## LES ÉDITIONS ALBERT RENÉ
26, AVENUE VICTOR HUGO 75116 PARIS.

*à Thomas mon petit-fils*

*et*

*en hommage au grand acteur*

*Kirk Douglas*

* Le pouvoir de faire rire : mots extraits d'une épigramme de César sur Térence, poète latin.

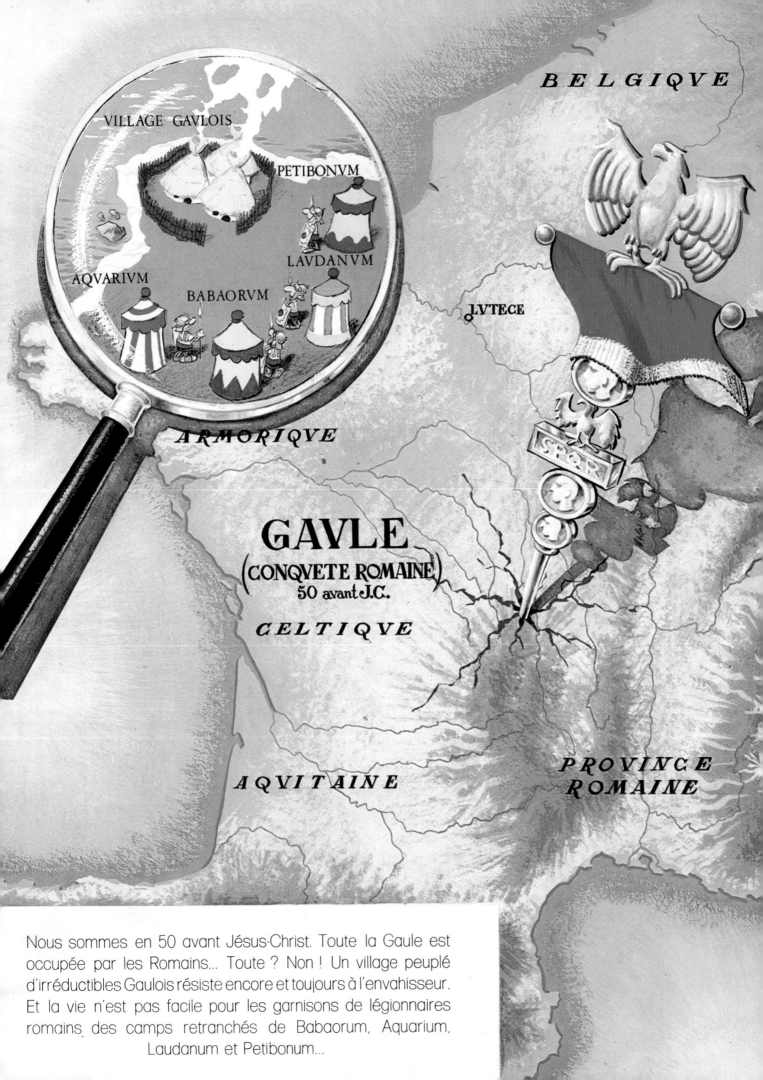

BELGIQVE

VILLAGE GAVLOIS

PETIBONVM

LAVDANVM

AQVARIVM

BABAORVM

ARMORIQVE

LVTECE

SPQR

GAVLE
(CONQVETE ROMAINE)
50 avant J.C.

CELTIQVE

AQVITAINE

PROVINCE
ROMAINE

Nous sommes en 50 avant Jésus-Christ. Toute la Gaule est occupée par les Romains... Toute ? Non ! Un village peuplé d'irréductibles Gaulois résiste encore et toujours à l'envahisseur. Et la vie n'est pas facile pour les garnisons de légionnaires romains des camps retranchés de Babaorum, Aquarium, Laudanum et Petibonum...

À ROME, AU PALAIS DE JULES CÉSAR...

ABRUTI! IMBÉCILE!! IDIOT!!!

MAIS POURQUOI NE SUIS-JE ENTOURÉ QUE DE CRÉTINS DE LA PIRE ESPÈCE?!!

OUILLE - OUILLE! MON SUPÉRIEUR L'AMIRAL CÉTINCONCENSUS EN PREND POUR SON GRADE, GARDE!

ÇA, C'EST AU MOINS UN BILLET GRATUIT POUR VOIR DE PRÈS LES LIONS DU CIRQUE!

REINE CLÉOPÂTRE, TU AS DEVANT TOI LA PLUS BELLE ANDOUILLE DE ROME...

GLOP!

AMIRAL PVR PORC

...À QUI ON VIENT DE VOLER LE PLUS BEAU NAVIRE DE LA FLOTTE!!! LE MIEN!

OH ! ÇA NE PEUT ÊTRE QU'UN EMPRUNT TRÈS PROVISOIRE, Ô GRAND CÉSAR !

EMPRUNT FAIT PAR DES ESCLAVES EMPREINTS DE LIBERTÉ, ESPÈCE D'EMPRUNTÉ !

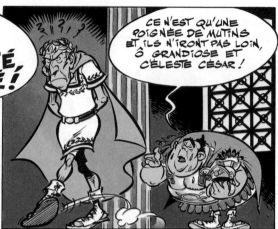

CE N'EST QU'UNE POIGNÉE DE MUTINS ET ILS N'IRONT PAS LOIN, Ô GRANDIOSE ET CÉLESTE CÉSAR !

PAR JUPITER, JE TE LE SOUHAITE GRACCHUS CÉTINCONSENSUS, SINON JE TE METTRAI MOI-MÊME DANS UNE GALÈRE DONT TU TE SOUVIENDRAS !

JE VAIS FAIRE EN SORTE QUE TOUT RENTRE DANS L'ORDRE, Ô MERVEILLE DES MERVEILLES ET GRANDISSIME CÉSAR !

ÇA N'A PAS ÉTÉ CHOSE FACILE, HEIN ! AMIRAL ?

VLAN !

VICE-AMIRAL PROSPECTUS ! TU N'ES QU'UN IDIOT ET UN IMBÉCILE ET TU AS INTÉRÊT À RAMENER LE NAVIRE SI TU NE VEUX PAS FINIR EN GALÈRE !!!

SI L'ON APPREND QUE DES ESCLAVES ONT VOLÉ MA PROPRE GALÈRE, JE SERAI LA RISÉE DE TOUT LE MONDE ANTIQUE !

MAIS C'EST DÉJÀ LE CAS, Ô MERVEILLE DES MERVEILLES ET GRANDISSIME CÉSAR !

COMMENT ÇA DÉJÀ LE CAS ?

À CAUSE DE CERTAINS IRRÉDUCTIBLES GAULOIS QUI RÉSISTENT ENCORE ET TOUJOURS À...

ÇA VA ! ÇA VA ! LES COMMENTAIRES, ÇA JE ME LES RÉSERVE !

NOUS NE SERONS PLUS JAMAIS LES ESCLAVES DE ROME !!!

JAMAiS !!!

MOI, SPARTAKIS LE GREC, JE JURE PAR TOUS LES DIEUX DE L'OLYMPE...

...DE VOUS MENER SUR LE CHEMIN DE LA LIBERTÉ !

HOMME ! J'ESPÈRE QU'iL NE NOUS MÈNE PAS EN BATEAU !

CHE LE ZOUHAiTE AUZZi !

LA LIBERTÉ C'EST BIEN, MAiS JE VOUDRAIS SAVOIR PRÉSENTEMENT OÙ NOUS ALLONS LÀ DIS-DONC ?

③A

iL A RAISON ! MOI JE NE SAURAIS CONTINUER COMME ÇA SANS SAVOIR, DIS-TOI UNE FOIS !

CE SERAIT UNE JOYEUSE IDÉE DE FAIRE UNE TEMPÊTE DANS NOS CERVEAUX, N'EST-IL PAS ?

iL FEUT BARLER D'UNE RÉUNION DE DRAVAIL !

C'EST D'ACCORD ! LIBRE À CHACUN DE DONNER SON OPINION ! OÙ VOULEZ-VOUS ACCOSTER ?

HISPANiE
BELGiQUE
LUSITANiE
AFRiQUE
GERMANiE
BRETAGNE

CHACUN SON TOUR NOM DE D'ZEUS !

③B

7

PLUS TARD ET PLUS LOIN, EN GAULE...

CETTE NUIT, J'AI FAIT UN AFFREUX CAUCHEMAR ASTÉRIX !

AH OUI ?

SCRONTCH!

SCRONTCH!

J'AI RÊVÉ QUE JULES CÉSAR DÉCIDAIT D'ENLEVER TOUTES SES GARNISONS AUTOUR DU VILLAGE !

C'EST DÛ À UNE MAUVAISE DIGESTION OBÉLIX ! JE T'AI TOUJOURS DIT DE NE PAS MANGER PLUS DE TROIS SANGLIERS AVANT DE TE COUCHER !

MAIS EN-DESSOUS DE QUATRE, JE NE PEUX PAS M'ENDORMIR !

BAH ! CE N'ÉTAIT QU'UN CAUCHEMAR ! ET MÊME SI ÇA DEVAIT ÊTRE UNE RÉALITÉ...

SCRONTCH!

COMMENT ÇA UNE RÉALITÉ ?!

BEN OUI QUOI ! NOUS POURRIONS PEUT-ÊTRE ENFIN VIVRE DANS UNE PAIX DURABLE ET BIEN MÉRITÉE !

5A

VIENS IDÉFIX ! NOUS N'AVONS PLUS RIEN À VOIR AVEC CELUI QUI PACTISE AVEC L'ENNEMI !!!

?!

?

MAIS ENFIN OBÉLIX, NE SOIS PAS BÊTE ! C'ÉTAIT UNE PLAISANTERIE !

NON MÔSSIEU ASTÉRIX !

TU AS OFFENSÉ LA MÉMOIRE DE VERCINGÉTORIX !

ÇA VA PAS LA TÊTE ?!

ALERTE !! LES ROMAINS VONT ATTAQUER !

!!!

HEUREUSEMENT QUE LES ROMAINS SONT PLUS RAISONNABLES QUE TOI MÔSSIEU ASTÉRIX !

C'EST ÉTRANGE ! RIEN NE LAISSAIT PRÉVOIR UNE ATTAQUE DES ROMAINS !?

SCRONTCH! SCRONTCH!

5B

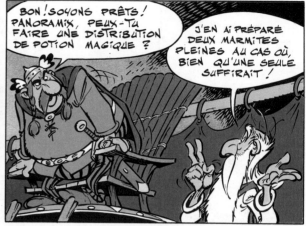

10

IL A ENTIÈREMENT BU LA SECONDE MARMITE DE POTION MAGIQUE !

?

MAIS... C'EST EFFROYABLE !!! SON CORPS A PRIS LA CONSISTANCE DU GRANIT !!

MAINTENANT JE CRAINS LE PIRE, ASTÉRIX !

PARLE-NOUS OBÉLIX ! DIS QUELQUE CHOSE !

PAF ! PIF ! PAF !

ON NE PEUT PAS LE LAISSER COMME ÇA !!

HÉLAS !

PAUVRE OBÉLIX ! TAILLER LE GRANIT ET DEVENIR GRANIT SOI-MÊME, C'EST UN COMBLE !

IL SEMBLE APPLAUDIR DE S'ÊTRE STATUFIÉ DE SON VIVANT !

JE VAIS LUI CHANTER UNE COMPLAINTE !

SI J'ENTENDS REMUER TA GLOTTE, C'EST TOI QUI VA DEVENIR UNE COMPLAINTE !

RESPECTEZ UN PEU LE MALHEUR DE CE PAUVRE OBÉLIX !!!

BON ! TRÊVE DE PLAISANTERIES DOUTEUSES ! TRANSPORTEZ-LE DANS SA HUTTE PENDANT QUE JE VAIS CHERCHER DES HERBES AFIN DE TENTER L'IMPOSSIBLE !

LA NUIT EST TOMBÉE SUR LE PETIT VILLAGE BOULEVERSÉ PAR L'ÉVÈNEMENT. SEULS LES LUMIGNONS DE DEUX HUTTES RESTENT ALLUMÉS...

CELLE DU DRUIDE PANORAMIX QUI PRÉPARE SANS TROP Y CROIRE, UNE MIXTURE DONT IL A LE SECRET...

ET CELLE DU PAUVRE OBÉLIX TOUJOURS VEILLÉ PAR SON AMI ASTÉRIX.

AU PETIT MATIN...

IL N'A TOUJOURS PAS BOUGÉ?

HÉLAS!

MAINTENANT IL FAUT ATTENDRE LES EFFETS DU BREUVAGE ET ESPÉRER, ASTÉRIX!

TU N'ES PAS CERTAIN DE SON EFFICACITÉ?

TU LE SAIS ASTÉRIX! JE N'AI JAMAIS EU À TRAITER UN CAS COMME CELUI D'OBÉLIX!

OUAH!

TU ES LE PLUS MERVEILLEUX DRUIDE DE L'UNIVERS, PANORAMIX! IDÉFIX ET MOI NOUS SOMMES CERTAINS QUE TU PARVIENDRAS À SORTIR OBÉLIX DE CETTE SITUATION!

QUE TOUTATIS T'ENTENDE, ASTÉRIX! QUE TOUTATIS T'ENTENDE!

15

16

TOUJOURS PAS D'AMÉLIORATION ?

TOUJOURS PAS !!!

CLAC!

ESSAYONS AUTRE CHOSE!...

PEUT-ÊTRE QU'UN CHOC PSYCHOLOGIQUE, UNE ÉMOTION...

HEU! JE REGRETTE! JE PENSAIS QUE... PEUT-ÊTRE...

PFFF! JE SUIS LE MEILLEUR CORDON BLEU DU VILLAGE, TOUT DE MÊME !!!

13A

TENTONS UNE DEUXIÈME EXPÉRIENCE. FALBALA EST DE RETOUR AU VILLAGE EN VISITE CHEZ SES PARENTS. JE LUI AI DEMANDÉ DE VENIR ICI ?

FALBALA! ENTRE, MON ENFANT!

LE PAUVRE! MÊME AINSI IL A SU GARDER TOUTE SA SÉDUCTION !

LÀ TOUT DE MÊME, ELLE EN FAIT UN PEU TROP!

STIOUT!

IL EST HUMILIANT POUR MOI QU'IL SOIT RESTÉ DE MARBRE, TOUT DE MÊME !!!

CE N'EST PAS ENCORE GAGNÉ ASTÉRIX !

13B

PENDANT CE TEMPS, À L'APPROCHE DES CÔTES ARMORICAINES...

GALÈRE ROMAINE DERRIÈRE NOUS !!!

ELLE NOUS SUIT DEPUIS LONGTEMPS ! IL EST URGENT POUR NOUS D'ATTEINDRE NOTRE BUT !

TU ES SÛR DE POUVOIR RECONNAÎTRE LE VILLAGE DES IRRÉDUCTIBLES ?

BON GARÇON, C'EST LE SEUL GAULOIS VILLAGE QUI A UNE HUTTE PERCHÉE EN HAUT D'UN ARBRE ! C'EST FACILE, QUOI !!

VILLAGE EN VUE, LÀ DIS DONC !

ACCOSTONS ET CACHONS LA GALÈRE DANS UNE CRIQUE. AFIN D'ÉVITER DES RISQUES INUTILES, J'IRAI SEUL RENCONTRER LES GAULOIS DU VILLAGE !

SUR LA GALÈRE SUIVEUSE...

LES MUTINS VONT ACCOSTER CAPITAINE !

C'EST PARFAIT ! NOUS ALLONS ENVOYER LE SIGNAL PRÉVU À L'AMIRAL QUI ATTEND AU CAMP D'AQUARIUM !

MAIS COMMENT ALLEZ-VOUS LUI FAIRE CE SIGNAL CAPITAINE ?

GRÂCE AU GÉNIE ROMAIN, BLANC-BEC !

ENVOYEZ LE SIGNAL !!

?!

CHAQUE FOIS QUE VOUS ENVOYEZ UN SIGNAL, VOUS SACRIFIEZ UNE GALÈRE, CAPITAINE ?

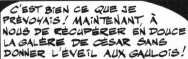

C'EST LE SIGNAL, AMIRAL!

ÇA, POUR UN SIGNAL, C'EST UN SIGNAL!

C'EST BIEN CE QUE JE PRÉVOYAIS! MAINTENANT, À NOUS DE RÉCUPÉRER EN DOUCE LA GALÈRE DE CÉSAR SANS DONNER L'ÉVEIL AUX GAULOIS!

...AUSSI, NOUS AVONS PENSÉ QUE VOUS POURRIEZ NOUS HÉBERGER, LE TEMPS QUE LES ROMAINS NOUS OUBLIENT!...

TU AS FRAPPÉ À LA BONNE PORTE, SPARTAKIS, CAR...

...CAR FORTS DE NOTRE SENS PROFOND DU DEVOIR, NOUS NOUS DEVONS D'ACCUEILLIR LES PEUPLES OPPRIMÉS, LES MARTYRS ET LES ORPHELINS D'UNE PATRIE ÉCRASÉE, PIÉTINÉE PAR LES CALIGÆ DES LÉGIONS R...

...OMAINES!

!?

PAF!

15A

MAINTENANT JE N'AI BESOIN DE PERSONNE... OUMF! ...POUR ÊTRE RIDICULE!

TU NOUS DIS AVOIR EMPRUNTÉ LA GALÈRE DE CÉSAR?!

C'EST EXACT! ET IL DOIT EN ÊTRE FOU DE RAGE!

VITE! IL FAUT RÉUNIR TOUT LE VILLAGE. JE VAIS REDISTRIBUER DE LA POTION MAGIQUE!

!

ALORS PERSONNE NE M'AIDERA À ME RELEVER? JE SUIS LE CHEF TOUT DE MÊME!!!

VITE, ASTÉRIX! NOTRE DRUIDE DISTRIBUE DE LA POTION MAGIQUE!

ENCORE? ET POUR QUELLE RAISON?

POUR METTRE À L'ABRI LA GALÈRE DE CÉSAR!

LA QUOI?

15B

C'EST UNE DRÔLE D'HABITUDE QUE DE FAIRE UNE DISTRIBUTION DE SOUPE AVANT DE SORTIR DE VOTRE VILLAGE !?

TU SAURAS BIENTÔT POURQUOI !

PAR POSÉIDON! QUEL PRODIGE !!!

PAR NEPTUNE ! QUEL SANS-GÊNE !

JE DIS CE GAULOIS VILLAGE EST UNE CHANCE, N'EST-IL PAS ?

EN TOUS CAS, ÇA EST DRÔLEMENT EFFICACE M'FIEU !

VITE! NOUS DEVONS PRÉVENIR L'AMIRAL CÉTINCONSENSUS SANS TARDER !

PEU APRÈS...

AVÉ, AMIRAL CÉTINCONSENSUS! COMME TOUJOURS, TU AS VU JUSTE. LES MUTINS ONT ACCOSTÉ PRÈS DU VILLAGE DES IRRÉDUCTIBLES, MAIS CEUX-CI SE SONT EMPARÉS DE LA GALÈRE DE CÉSAR ET L'ONT MISE À L'ABRI, DERRIÈRE LEUR MUR D'ENCEINTE !

PAR LES DIEUX DES ENFERS !!! J'ESPÈRE QUE TU AS ÉGALEMENT PRIS LE SOIN DE METTRE LA TIENNE À L'ABRI DE CES SAUVAGES !

ELLE A ENTIÈREMENT BRÛLÉ COMME PRÉVU POUR FAIRE LE SIGNAL, Ô AMIRAL !

GNGNGN!

J'ESPÈRE QUE TU AIMES LES JEUX DU CIRQUE, CAPITAINE !

FLOP! FLOP! FLOP! FLOP!

POURVU QU'IL Y AIT UN CHANGEMENT HEUREUX CHEZ LE PAUVRE OBÉLIX...

OUAH! OUAH! OUAH!

J'AI FAIM!

OBÉLIX! ENFIN!!!

OUAH! OUAH! OUAH!

MAIS...

...MAIS DIS-MOI QUE CE N'EST PAS VRAI!!!

BEN QUOI? J'AI FAIM!...

SLAP! SLAP! SLAP!

17A

SURTOUT, NE BOUGE PAS! JE REVIENS TOUT DE SUITE!

C'EST INSENSÉ, C'EST FOU CE QU'IL ARRIVE À OBÉLIX!

TROIS SANGLIERS BIEN CUITS, ASTÉRIX!

OBÉLIX A REPRIS VIE! MAIS IL A AUSSI REPRIS LE PHYSIQUE DE SON ENFANCE!!!

J'AI DÛ ME TROMPER QUELQUE PART, C'EST SÛR!

17B

21

QU'IL EST CHOU! QU'IL EST MIGNON! JE NE T'AI JAMAIS VU ICI! COMMENT T'APPELLES-TU ?

J'VEUX PAS !

C'EST CURIEUX, TU ME RAPPELLES CE PAUVRE OBÉLIX! TU ES NETTEMENT MOINS GROS, BIEN SÛR !

D'ABORD IL EST SEULEMENT UN PEU ENVELOPPÉ, C'EST TOUT !

BON! MAINTENANT, ON VA ÔTER LA PETITE SERVIETTE AFIN DE PRENDRE LES MESURES DE CE PETIT BEDON !

J'VEUX PAS !

PLUS TARD...

C'EST SÛREMENT UN NEVEU D'OBÉLIX! IL LUI RESSEMBLE TELLEMENT QUE J'AI TROUVÉ AMUSANT DE LUI FAIRE DES BRAIES À RAYURES !

VOUS NE M'AVEZ PAS LAISSÉ LE TEMPS DE VOUS EXPLIQUER! CE GAMIN N'EST AUTRE QU'OBÉLIX TRANSFORMÉ PAR UNE POTION DE NOTRE DRUIDE !

BONG!

PETITS VOYOUS!!! BANDE DE CHENAPANS!!!

19 A

POUR TE CHANGER LES IDÉES, JE T'AI PRÉPARÉ QUELQUES SANGLIERS, OBÉLIX !

TU SAIS QU'IL EN RESTE ENCORE DEUX, COMME TU LE VOULAIS !

JE...JE N'AI PLUS FAIM !

BOUHOUHO UHOUH

C'EST FINI! JE NE SUIS MÊME PLUS CAPABLE DE MANGER TROIS SANGLIERS !

PAUVRE PETIT OBÉLIX! J'AI APPRIS CE QU'IL T'ARRIVE! MAIS TOUT ÇA N'EST PAS SI GRAVE !

SMACK!

LÀ! C'EST FINI CE GROS CHAGRIN ?

WGHSTRFG!

PFFF!

19 B

LE COMPORTEMENT D'IDÉFIX N'EST PAS NORMAL! OBÉLIX EST SÛREMENT EN DANGER!!!

OUAH! OUAH!

ATTENDS IDÉFIX, IL FAUT PRÉVENIR LES AUTRES!

OBÉLIX EST EN DANGER!! JE VAIS À SON SECOURS!

SÛREMENT UN COUP DES ROMAINS! NOUS TE SUIVONS, ASTÉRIX!

ATTENDEZ TOUT DE MÊME QUE JE PRÉPARE UNE NOUVELLE MARMITE DE POTION CAR, À MON AVIS, LÀ ENCORE VOUS EN AUREZ BESOIN!

PEU APRÈS...

VOUS SEREZ PARMI LES RARES ÉTRANGERS AU VILLAGE À AVOIR BU DE LA POTION MAGIQUE!

C'EST UN GRAND HONNEUR POUR NOUS, VÉNÉRABLE DRUIDE!

ET ENFIN...

IDÉFIX VA NOUS MENER TOUT DROIT SUR LES RAVISSEURS D'OBÉLIX!...

SNIFF! SNIFF! SNIFF!

J'EN ÉTAIS SÛR! VOILÀ OÙ OBÉLIX EST RETENU PRISONNIER!

EN EFFET, LE NAVIRE DE L'AMIRAL, TOUTES VOILES DEHORS, PIQUE DROIT VERS OSTIE LE PORT DE ROME, AVEC À SON BORD UN PAUVRE PETIT GAULOIS TRISTE, TRISTE...

BON! JE SUIS RETOMBÉ EN ENFANCE! J'AI PERDU TOUTE MA FORCE! LES ROMAINS N'ONT PLUS PEUR DE MOI ET JE SUIS LEUR PRISONNIER...

JE T'EN PRIE ASTÉRIX! VIENS À MON SECOURS!!

QU'ATTENDONS-NOUS? IL FAUT VITE RATTRAPER CE NAVIRE ROMAIN ET DÉLIVRER OBÉLIX!

L'ÉQUIPAGE ET MOI, NOUS SOMMES PRÊTS À POURSUIVRE LA GALÈRE AMIRALE, ASTÉRIX!

JE VOUS ACCOMPAGNERAI DANS CE VOYAGE CAR IL ME VIENT UNE IDÉE QUI POURRAIT PEUT-ÊTRE RÉSOUDRE LES ENNUIS DE CE PAUVRE OBÉLIX!

?!

VOICI TA GOURDE DE POTION, ASTÉRIX! J'EN AI REMPLI CE TONNEAU CAR IL ME SERA IMPOSSIBLE D'EN CONFECTIONNER PENDANT NOTRE VOYAGE!

PAR PRUDENCE NOUS LE METTRONS À L'ÉCART DES TONNEAUX D'EAU POTABLE!

ET PEU APRÈS...

GRÂCE AUX EFFETS DE TA POTION, NOUS RATTRAPERONS VITE LE NAVIRE AMIRAL, Ô DRUIDE!

OUI, ET DÈS QUE NOUS AURONS DÉLIVRÉ OBÉLIX, JE TE PARLERAI DE MA PETITE IDÉE, ASTÉRIX!

FLOP! FLOP! FLOP! FLOP! FLOP!

NOUS DEVRIONS AVOIR RATTRAPÉ LA GALÈRE DE L'AMIRAL DEPUIS LONGTEMPS, PANORAMIX!

CECI EST ÉTRANGE, EN EFFET!

NOUS AVONS QUITTÉ LA MER BRITANNICUM (LA MANCHE) ET NOUS DOUBLONS MAINTENANT L'ÎLE SÉNA (ÎLE DE SEIN) SANS VOIR UNE VOILE À L'HORIZON! C'EST ANORMAL!

ET POUR CAUSE... LE NAVIRE AMIRAL SORT SEULEMENT DE LA RADE DE GESOBRIVATE (BREST) OÙ IL ÉTAIT HORS DE VUE!

ALORS CETTE FOIS, TU L'AS TON SANGLIER!!!

ALORS MANGE ET FICHE-NOUS LA PAIX!!!

J'VEUX PAS! J'VEUX DU SANGLIER RÔTI!

C'EN EST TROP POUR L'HOMME DE L'ART QUE JE SUIS! JE RENDS MON TABLIER!

JE VAIS L'ASSOMMER! L'ÉTRANGL...

...HRRRG! HAAAARF!!! HERRRKK!!!

VOILE EN VUE DROIT DEVANT LÀ DIS-DONC!

OUF! ENFIN!

NAVI'E 'OMAIN D'OIT DEVANT!

BAH! DÈS L'INSTANT QU'IL N'EST PAS GAULOIS!

LA GALÈRE DE L'AMIRAL PRISE PAR LES GAULOIS, SUIT UNE DIRECTION DIAMÉTRALEMENT OPPOSÉE À CELLE OCCUPÉE PAR LES PIRATES.

TU ME DISAIS AVOIR UNE IDÉE AFIN D'AIDER OBÉLIX, Ô DRUIDE!

C'EST VRAI! IL EST TEMPS DE PRENDRE UNE GRANDE DÉCISION, ASTÉRIX!

JE CROIS QUE TU ES UN BON MARIN, SPARTAKIS?

JE LE CROIS AUSSI! JE SUIS GREC!

ACCEPTERIEZ-VOUS, L'ÉQUIPAGE ET TOI, DE NOUS MENER VERS UNE ÎLE LOINTAINE?

COMMENT S'APPELLE CETTE ÎLE SI LOINTAINE?

L'ATLANTIDE!

?!

?!

JE CROYAIS QUE CE CONTINENT LÉGENDAIRE AVAIT ÉTÉ ENGLOUTI DEPUIS LONGTEMPS SOUS LES EAUX!

EXACT! MAIS IL EN EST RESTÉ UN GROUPE D'ÎLES* DONT LA PLUS IMPORTANTE EST TOUJOURS OCCUPÉE PAR LES DERNIERS ATLANTES!

*POUR CERTAINS, CES ÎLES SERAIENT AUJOURD'HUI LES ÎLES CANARIES

31ᴬ

MAIS CETTE ATLANTIDE, QUEL RAPPORT AVEC OBÉLIX?

LES ATLANTES SONT ISSUS D'UNE TRÈS ANCIENNE CIVILISATION ET LEURS CONNAISSANCES SONT BIEN PLUS AVANCÉES QUE LES NÔTRES. CE DONT OBÉLIX POURRAIT BÉNÉFICIER!

C'EST ENTENDU DRUIDE! VA POUR L'ATLANTIDE! MAIS L'ÉQUIPAGE AIMERAIT REBÉNÉFICIER DE TA POTION.

MAIS BIEN ENTENDU!

JE VAIS EN PRENDRE DANS LE TONNEAU DE RÉSERVE!

CE DERNIER TONNEAU NE CONTIENT AUSSI QUE DE L'EAU!... MAIS ALORS... SERAIT-CE QUE...

PANORAMIX! IL N'Y A PLUS DE POTION MAGIQUE!

ALORS LÀ MOI JE N'Y SUIS POUR RIEN!

31ᴮ

C'EST EFFROYABLE! NOUS AVONS DÛ OUBLIER LE TONNEAU DE POTION DANS LA CALE DE L'AUTRE GALÈRE !!!

ET ELLE EST MAINTENANT HORS DE NOTRE PORTÉE !!

BAH! NOUS FERONS SANS! LE VOYAGE SERA PLUS LONG, C'EST TOUT !

AINSI COMMENÇA UN LONG VOYAGE VERS LE SUD, QUI N'A D'AUTRE INTÉRÊT À FAIRE CONNAÎTRE QU'IL FÛT LONG ET SANS INTÉRÊT.

NOUS AVONS DOUBLÉ LES CÔTES DE L'HISPANIE①, CELLES DE LA LUSITANIE② ET NOUS LONGEONS DEPUIS PEU LES CÔTES AFRICAINES! NOUS NE DEVRIONS PAS TARDER À ARRIVER !

① L'ESPAGNE
② LE PORTUGAL

EN EFFET, AU PETIT JOUR...

TERRE ! TERRE !!!

32ᴬ

ENFIN VOUS AVEZ FACE À VOUS LA LÉGENDAIRE ATLANTIDE !

C'EST CURIEUX CETTE FAÇON DE NAVIGUER !

ILS SONT FOUS CES ATLANTES !

32ᴮ

36

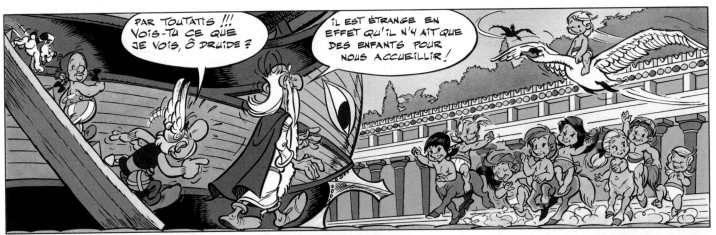

SUIVEZ-MOI MES AMIS !... VENEZ VOUS RESTAURER ET PRENDRE UN PEU DE REPOS !

PANORAMIX ! LÀ ! UNE VACHE QUI VOLE !!!

VOYONS ASTÉRIX ! IL FAUT BIEN TROUVER DU LAIT POUR NOURRIR TOUS CES ENFANTS !

COMMENT SE FAIT-IL QU'À PART SON GRAND PRÊTRE, L'ATLANTIDE NE SEMBLE OCCUPÉE QUE PAR DES ENFANTS ?

TOUS CES ENFANTS ONT ÉTÉ DES ADULTES QUI ONT EU LE DÉSIR DE RETROUVER L'ÂGE DE LEUR ENFANCE !

OUI, JE SAIS, ILS SONT FOUS CES...

SI AU MOINS ILS AVAIENT DES SANGLIERS VOLANTS !!!

RETROUVER LEUR ENFANCE ? MAIS PAR QUEL PRODIGE ?

DEPUIS BIEN DES SIÈCLES, LES ATLANTES ONT ACQUIS ENTRE AUTRES LE SECRET DE LA JOUVENCE ET DE L'ÉTERNELLE JEUNESSE.

LA SCIENCE DES ATLANTES EST L'UNIQUE RAISON DE NOTRE VOYAGE !

DÉSIREZ-VOUS ÉGALEMENT RETROUVER VOTRE ENFANCE ?

AU CONTRAIRE ! POURRAIS-TU REDONNER À OBÉLIX L'APPARENCE DE L'ADULTE QU'IL A PERDUE ACCIDENTEL--LEMENT ?

JE TROUVE BIEN ÉTRANGE DE VOULOIR VIEILLIR...

MALHEUREUSEMENT, SI JE POSSÈDE LE SECRET DE L'ÉLIXIR DE JOUVENCE, JE N'AI PAS CELUI DE FAIRE VIEILLIR ET JE NE PEUX RIEN POUR VOTRE COMPAGNON !

DOMMAGE! NOUS AVONS PARCOURU CE LONG VOYAGE POUR RIEN! IL NE NOUS RESTE PLUS QU'À REJOINDRE NOTRE VILLAGE!

FOI DE DRUIDE, JE DOIS TOUT DE MÊME RECONNAÎTRE QUE TA SCIENCE EST PRODIGIEUSE, HYAPADOS!

JE REGRETTE QU'ELLE SOIT INSUFFISANTE POUR VOUS AIDER!

QUELQUEFOIS, J'ENVIE NOTRE AMI OBÉLIX QUI NE SAIT PAS LA CHANCE QU'IL A DE REVIVRE SON ENFANCE! BAH! MAINTENANT NOUS DEVONS REPARTIR! L'ÉQUIPAGE NOUS ATTEND!

BEN!... JUSTEMENT...

...VOILÀ! SI LE GRAND PRÊTRE LE PERMET, L'ÉQUIPAGE ET MOI SOUHAITE-RIONS RESTER SUR L'ATLANTIDE OÙ IL SEMBLE RÉGNER TANT DE LIBERTÉ!

!?

?!

C'EST D'ACCORD À LA CONDITION SINE QUA NON QUE NOS AMIS GAULOIS NE RÉVÈLENT PAS L'EXISTENCE DE L'ATLANTIDE!

NOUS JURONS DE NE JAMAIS EN PARLER, HYAPADOS!

JE SUIS CONVAINCU QUE VOUS COMPRENDREZ NOTRE DÉCISION, ASTÉRIX!

BIEN SÛR! ICI VOUS SEREZ VRAIMENT DES HOMMES LIBRES!

VIEUX GARÇON! C'ÉTAIT UN JOYEUX MOMENT AVEC VOUS, N'EST-IL PAS?

JE SUIS TRÈS HEUREUX PRÉSENTEMENT D'AVOIR CONNU UN PETIT GARÇON COMME TOI LÀ DIS-DONC!

POUVONS-NOUS ENCORE TE DEMANDER UNE FAVEUR, GRAND PRÊTRE?

JE CROIS DÉJÀ LA CONNAÎTRE!

À PRÉSENT, NOUS NE POURRONS COMPTER QUE SUR LA GÉNÉROSITÉ D'ÉOLE* POUR RENTRER!

HÉLAS!

*DIEU DES VENTS

OUI, HÉLAS! IL N'Y A PAS SUR CETTE ÎLE LES INGRÉDIENTS NÉCESSAIRES POUR FAIRE DE LA POTION!

BAH! SI NÉCESSAIRE, IL RESTE CELLE CONTENUE DANS MA GOURDE!

DOMMAGE QUE TU T'EN AILLES, ICI ON S'AMUSE DRÔLEMENT BIEN, TU SAIS!

PRRRR!

LOIN DE LA GALÈRE DE CÉSAR...

GALÈRE ROMAINE DROIT SUR NOUS!

LA GALÈRE AMIRALE DROIT DEVANT!

C'EST CURIEUX, JE LA CROYAIS EN ROUTE POUR ROME?

SANS RAMEURS, NOUS NE POURRONS PAS LES ÉVITER, ASTÉRIX!

BAH! N'OUBLIE PAS QU'IL ME RESTE UNE GOURDE DE POTION!

CE SONT DES GAULOIS!

?!

CECI EST ANORMAL! PAR PRUDENCE, ENVOYEZ-LEUR UN BOULET AVANT L'ABORDAGE!

JE VOUS COUVRE! SOYEZ SANS CRAINTE!

QUI CRAINT QUI?

MÉFIE-TOI TOUT DE MÊME, ASTÉRIX! J'AI UN MAUVAIS PRESSENTIMENT!

GRRRR!

PAF!

PLOUF!

PFFF!

RENDEZ-VOUS, GAULOIS!

QU'AVEZ-VOUS FAIT DE L'AMIRAL ET DE SON ÉQUIPAGE? QUI ÊTES-VOUS?

SI VOUS TOUCHEZ ENCORE UN CHEVEU DE MON AMI ASTÉRIX VOUS SAUREZ COMMENT JE M'APPELLE!

GRRRR!

LES REQUINS QUI FOISONNENT DANS CETTE MER VONT SE RÉGALER! JETEZ PAR DESSUS BORD CE GAULOIS AUX MOUS-TACHES JAUNES!

NONNN! PAS ÇA!!! ASTÉRIX!

ASTÉRIX!

À LA UNE...

?

?

À LA DEUX...

GNNNAN!

...ET À LA TROIS!

ENFIN! JE SENS QU'ON VA POUVOIR RECOMMENCER À S'AMUSER, IDÉFIX!

MAMAN!

OUAH! OUAH!

ET JE M'APPELLE OBÉLIX!

SAUVE QUI PEUT!

JAMAIS PERSONNE NE VOUDRA ME CROIRE!

OUF! FINALEMENT J'AI PU REPÊCHER CETTE SATANÉE GOUR...

OBÉLIX!!! MAIS PAR QUEL MIRACLE?

JE NE SAIS PAS! PEUT-ÊTRE L'EFFET DE VOIR ASTÉRIX EN DANGER... MAIS TOI? CE SONT AUSSI LES ROMAINS?

NON, MOI CE SONT LES REQUINS! MAIS J'AI BU UNE GORGÉE DE POTION ET ILS N'ONT PAS INSISTÉ!

ASTÉRIX A L'AIR BIEN MAL-EN-POINT!

BAH! UNE RASADE DE POTION MIRACLE DE PAPA PANORAMIX, ET IL N'Y PARAÎTRA PLUS!

GLOU! GLOU! GLOU!

?!

OBÉLIX!!! MAIS PAR QUEL MIRACLE?

OUI! ON SE RÉPÈTE MAIS AVOUONS QUE L'ON PEUT SE POSER LA QUESTION!

40°

HEUREUSEMENT, J'AVAIS EMPORTÉ TES VÊTEMENTS, AU CAS OÙ!

TU ES LE COPAIN LE PLUS GÉNIAL QUE JE CONNAISSE, ASTÉRIX!

AAAAAH! QU'IL EST BON DE RENTRER ENFIN DANS SA VRAIE PEAU!

ET DE RENTRER CHEZ SOI! IL EST GRAND TEMPS DE REPRENDRE LA ROUTE QUI MÈNE À NOTRE VILLAGE!

IDÉFIX ET MOI, ON VA S'OCCUPER DES RAMES!

YOUP!!

PENDANT CE TEMPS, LOIN DE LÀ...

IL Y A UN SACRÉ BOUT DE TEMPS QUE L'AMIRAL EST LÀ-DESSOUS! JE DOIS ALLER VOIR CE QU'IL Y FAIT!...

?!

40°

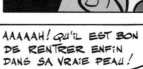

44

MAIS...IL S'EST TRANSFORMÉ EN GRANIT!!!

TOC! TOC! TOC!

À MON AVIS, CETTE EAU DEVAIT ÊTRE TERRIBLEMENT CALCAIRE !

MAIS ALORS ! JE SUIS SEUL À RAMENER LA GALÈRE DE CÉSAR !!! POUR LE COUP, IL ME FERA AU MOINS AMIRAL !!!

OUI MAIS... UN JEUNE OFFICIER ET UN CAPITAINE SANS NAVIRE, ONT LA CHARGE À PRÉSENT DE VEILLER SUR LA SÉCURITÉ D'OSTIE, LE PORT DE ROME.

CAPITAINE ! UN NAVIRE PORTANT L'ENSEIGNE DES PIRATES, VA ENTRER DANS LA RADE !!!

QUE L'ON ARME LES BALISTES !

À MON COMMANDEMENT...

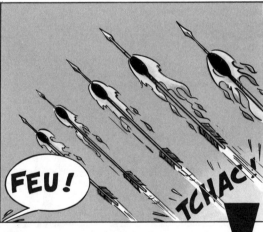

FEU !

TCHAC !

?!

TCHOC !

L'AVE CÉSAR

BON! SOYONS GÉNÉREUX! ET ALLONS REPÊCHER CES PIRATES IMPUDENTS ET DE SOTTE PRÉTENTION!

MAIS...C'EST VOUS, VICE-AMIRAL PROSPECTUS ?!!

SOI-MÊME! ET SI VOUS VOULEZ VOIR L'AMIRAL, IL EST LÀ-DESSOUS!

?

ILS HABILLENT LES STATUES MAINTENANT!

ÇA, C'EST LE DÉBUT DE LA DÉCADENCE DE ROME!!

C'EST UNE CATASTROPHE!!! LA...LA PROPRE GALÈRE DE JULES CÉSAR !!!

OUAIS! RESTE À SAVOIR LEQUEL D'ENTRE NOUS VA LUI RAPPORTER L'EXPLOIT ?!..

NOUS NE SOMMES PLUS TRÈS LOIN DE CHEZ NOUS, OBÉLIX !

ALORS J'AIMERAIS FAIRE UN PETIT DÉTOUR AVANT D'ATTEINDRE NOTRE VILLAGE, ASTÉRIX !

JE CROIS AVOIR COMPRIS QU'OBÉLIX SOUHAITERAIT FAIRE UN PETIT TOUR AU CAMP D'AQUARIUM !

BAH! NOUS LUI DEVONS BIEN ÇA !

GALÈRE DE L'AMIRAL EN VUE !

PFFF!.... ENCORE CE PLANQUÉ !

MAIS... MAIS QUE FONT-ILS?

LA SIESTE PARDI!

ATTEN...

# DES MÊMES AUTEURS
## LA SÉRIE DES CINQ AVENTURES
# D'OUMPAH-PAH

**DÉJÀ PARUS :**

TOME 1 : OUMPAH-PAH LE PEAU-ROUGE

TOME 2 : OUMPAH-PAH SUR LE SENTIER DE LA GUERRE
OUMPAH-PAH ET LES PIRATES

## TOME 3 À PARAÎTRE :
OUMPAH-PAH ET LA MISSION SECRÈTE
OUMPAH-PAH CONTRE FOIE-MALADE

# OUMPAH-PAH
## LE GRAND FRÈRE D'ASTÉRIX

Oumpah-pah, le Peau-Rouge, a été créé en 1951 par René Goscinny et Albert Uderzo.

Ses premiers pas dans l'univers de la bande-dessinée sont difficiles. Il faudra attendre 1958 pour voir la seconde naissance du jeune Indien.

Ses aventures se déroulent au XVIIIe siècle, au sein de la tribu des Shavashavah, aux prises avec les 1ers Européens qui découvrent le nouveau monde. Cinq épisodes paraissent dans le journal de Tintin, mais en 1961, les auteurs décident d'arrêter la série.

Aujourd'hui ces 5 épisodes sont réédités pour notre plus grand bonheur.

De bons moments de détente et d'humour en perspective...